AF581819

IPHIGÉNIE
EN
TAURIDE,
TRAGÉDIE
EN QUATRE ACTES,

REPRÉSENTÉE

POUR LA PREMIERE FOIS,

PAR L'ACADÉMIE-ROYALE
DE MUSIQUE,

Le Mardi 11 Mai 1779.

PRIX XXX SOLS.

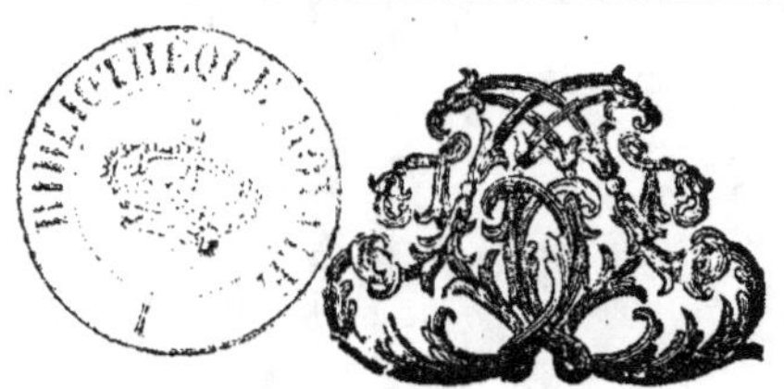

AUX DÉPENS DE L'ACADEMIE.

De l'Imprimerie de P. DE LORMEL, Imprimeur de ladite Académie, rue du Foin Saint-Jacques, à l'Image Sainte Genevieve.

On trouvera des Exemplaires du Poëme à la Salle de l'Opéra.

M. DCC. LXXIX.

AVEC APPROBATION ET PRIVILEGE DU ROI.

Les Paroles ſont de M. GUILLARD.

La Muſique eſt de M. le Chevalier GLUCK.

ACTEURS ET ACTRICES
CHANTANTS DANS LES CHŒURS.

Côté de la Reine.		Côté du Roi.	
Mesdemoiselles.	*Messieurs.*	*Mesdemoiselles.*	*Messieurs.*
d'Agée.	Candeille.	Dubuisson.	Héri.
des Rosières.	Larlat.	d'Hautrive.	Lagier.
Chenais.	Tourcati.	Veron.	Martin.
Constance.	Capoi.	Garrus.	Vanhek.
Thaumat.	Hilden.	Rouxelin.	Tourillon.
Laurence.	Méon.	Sanctus.	Boi.
Paris.	Cleret.	Dumontier.	Huet.
Henriette.	Baillon.	Adelaide.	Itasse.
Gavaudan.c.	Fagnan.	Charmois.	Jouve.
Isidore.	Tacusset.	Chabaneau.	Moulin.
Eugenie.	de Lori.	Leclerc.	Bouvart.
Du Beaupré.	Joinville.		Boulanger.
			Cavailher.

ACTEURS.

IPHIGÉNIE, *grande Prêtresse de Diane*,	Mlle. le Vasseur.
ORESTE, *Frere d'Iphigénie*,	M. l'Arrivée.
PILADE, *Prince Grec, ami d'Oreste*,	M. Le Gros.
THOAS, *Roi de la Tauride*,	Mr. Moreau.
DIANE,	Mlle Chateauvieux.
MINISTRE *de Thoas*,	M. Cheron.
PRÊTRESSES,	Mlle. Le Bourgois. Mlle Chateauvieux. Mlle. Joinville. Mlle. Dussée. Mlle. Dubuisson. Mlle. Rosalie.
UN SCYTHE,	M. Laîné.

SCYTHES.

GARDES *de* THOAS.

EUMENIDES & DÉMONS.

GRECS *à la suite de* PILADE.

La Scène est en TAURIDE.

PERSONNAGES DANSANTS.

ACTE PREMIER.

PREMIER DIVERTISSEMENT.

PRÊTRESSES.

Mlles. Bigotini, Crepaux, Auguſte, Martin, Jonveau, Saulnier, Courtois, c., Richer, le Houx, Lallin, Camille, le Blanc.

SECOND DIVERTISSEMENT.

SCYTHES.

M. DAUBERVAL. M. GARDEL, l.

Mrs. MALTER, LAURENT, HUS.

Mrs. le Doux, le Breton, Barré, Olivier.

Mrs. Simonet, Desplaces, Hennequin, l., le Bel, Guillet, l., Guillet, c., Clerget, Largilliere.

ACTE SECOND.

DÉMONS.

Mrs. MALTER, LAURENT, HUS.

Mrs. le Doux, le Breton, Barré, Olivier.

Mrs. Simonet, Desplaces, Hennequin, l., le Bel, Guillet, l., Guillet, c., Clerget, Largilliere.

ACTE QUATRIEME.

GUERRIERS GRECS.

M. VESTRIS, p.

Mrs. GARDEL, j. VESTRIS, f.

Mlles. HEINEL, GUIMARD.

Mlles. DORIVAL, CECILE.

Mrs. le Doux, le Breton, Barré, Olivier.

Mrs. Simonet, Desplaces, le Bel, Duchaîne, Clerget, Duſſel, Gricourt, Pladix.

NYMPHES DE DIANE.

Mlles. Victoire, Coulon, Duval, Carré.

Mlles. Camille, Elize, Courtois, l., Thiſte, Henriette, Neuville, Thiery, Gibaſſier, Villette.

N. B. Les Vers, marqués de Guillemets, qu'on trouvera dans la premiere Scéne du ſecond Acte, ne ſont pas dit au Théatre. On a cru néceſſaire de les conſerver pour motiver le retour de Pilade au quatrieme Acte.

IPHIGÉNIE EN TAURIDE,

TRAGÉDIE.

ACTE PREMIER.

Le Théâtre représente dans le fonds, l'entrée du Temple de DIANE; *sur le devant le bois sacré qui le précéde & l'entoure.*

(On entend dès le commencement de la symphonie, quelques coups de tonnerre qui se succédent plus rapidement, à mesure qu'elle marche. Elle finit par une tempête furieuse. Le jour est commencé, mais il est obscurci par les nuages, & le Théâtre n'est éclairé que par la lueur des éclairs.

SCÈNE PREMIERE.

IPHIGÉNIE, LES PRÊTRESSES.

IPHIGÉNIE.

GRANDS Dieux ! soyés-nous secourables,
Détournés vos foudres vengeurs ;

Tonnés ſur les têtes coupables,
L'innocence habite en nos cœurs.

LES *PRÊTRESSES.*

Grands Dieux! *&c.*

IPHIGÉNIE.

Si ces bords cruels & ſiniſtres,
Sont l'objet de votre couroux,
Daignés à vos faibles Miniſtres
Offrir des aziles plus doux.

LES *PRÊTRESSES.*

Grands Dieux! *&c.*

IPHIGÉNIE.

Que nos mains, ſaintement barbares,
N'enſanglantent plus vos Autels!
Rendés ces peuples plus avares
Du ſang des malheureux mortels.

LES *PRÊTRESSES.*

Grands Dieux! *&c.*

(*Pendant les deux dernieres ſtrophes, l'orage diminue inſenſiblement, le tonnerre s'éloigne, ceſſe, & le jour croît & s'éclaircit à meſure que la ſcène avance.*)

IPHIGÉNIE.

Ces Dieux, que notre voix implore,
Appaiſent enfin leur rigueur :
Le calme reparoit ; mais au fonds de mon cœur,
Hélas ! l'orage dure encore.

UNE PRÊTRESSE.

Iphigénie, ô Ciel ! craindroit-elle un malheur ?

UNE AUTRE PRÊTRESSE.

D'où naît le trouble affreux dont votre ame eſt ſaiſie?

IPHIGÉNIE.

Juſte Ciel !

UNE PRÊTRESSE.

Ah ! parlés, divine Iphigénie,
Nos malheurs ſont communs, loin de notre Patrie
Conduites avec vous ſur ce funeſte bord,
N'avons nous pas toujours partagé votre ſort ?

IPHIGÉNIE.

Cette nuit... j'ai revu le Palais de mon pere,
J'allois jouir de ſes embraſſemens,
J'oubliois en ces doux momens,
Ses anciennes rigueurs, & quinze ans de miſere...
La terre tremble ſous mes pas,
Le Soleil indigné fuit ces lieux qu'il abhorre,
Le feu brille dans l'air & la foudre en éclats
Tombe ſur le palais, l'embrâſe & le devore.

Du milieu des débris fumans
Sort une voix plaintive & tendre :
Jusqu'au fond de mon cœur elle se fait entendre ;
Je vôle à ces tristes accens.....
A mes yeux aussitôt se présente mon pere
Sanglant, percé de coups, & d'un spectre inhumain
Fuyant la rage meurtriere ;
Ce spectre affreux, c'étoit ma mere !
Elle m'arme d'un glaive & disparoit soudain :
Je veux fuir.... on me crie : *arrête, c'est Oreste :*
Je vois un malheureux & je lui tends la main,
Je veux le secourir ; un ascendant funeste
Forçoit mon bras à lui percer le sein.

LES *PRÉTRESSES.*

O songe affreux ! nuit effroyable !
O douleur ! ô mortel effroi !
Ton couroux est-il implacable ?
Entends nos cris, ô Ciel ! appaise-toi.

IPHIGÉNIE.

O race de Pélops ! race toujours fatale !
Jusques dans ses derniers neveux
Le Ciel poursuit encor le crime de Tantale.
Le Roi des Rois, le sang des Dieux,
Agamemnon descend dans la nuit infernale.

Son fils du moins reſtoit à ma douleur,
J'attendois de lui ſeul la fin de ma miſere;
O mon cher Oreſte! ô mon frere!
Tu ne ſécheras pas les larmes de ta ſœur.

UNE *PRÊTRESSE.*

Calmés ce déſeſpoir où votre ame eſt livrée,
Les Dieux conſerveront cette tête ſacrée;
Oſés tout eſpérer.

IPHIGÉNIE.

Non, je n'eſpere plus.
Depuis que je reſpire en but à leur colere,
D'opprobre & de malheurs tous mes jours ſont tiſſus,
Ils y mettent le comble, ils m'enlévent mon frere.
O toi, qui prolongeas mes jours,
Reprends un bien que je déteſte,
Diane! je t'implore, arrêtes-en le cours,
Rejoins Iphigénie au malheureux Oreſte.
Hélas! tout m'en fait une loi,
La mort me devient néceſſaire,
J'ai vû s'élever contre moi
Les Dieux, ma Patrie & mon pere.

LES *PRÊTRESSES.*

Quand verrons-nous tarir nos pleurs,
La ſource en eſt-elle infinie?

Ah ! dans un cercle de douleurs
Le Ciel marqua le cours de notre vie.

SCÊNE II.

IPHIGÉNIE, LES PRÊTRESSES, THOAS, GARDES.

THOAS.

Dieux ! le malheur en tous lieux ſuit mes pas,
Des cris du déſeſpoir ces voûtes retentiſſent....
(*à* IPHIGÉNIE.)
Prêtreſſe, diſſipés les terreurs de Thoas,
Interprete des Dieux, que vos pleurs les fléchiſſent !

IPHIGÉNIE.

A mes gémiſſemens le Ciel eſt ſourd, hélas !

THOAS.

Eh ! ce n'eſt pas des pleurs, c'eſt du ſang qu'il demande.

IPHIGÉNIE.

Quelle effroyable offrande !
Appaiſe-t-on les Dieux par des aſſaſſinats ?

THOAS.

Le Ciel par d'éclatans miracles,

A daigné s'expliquer à vous ;
Mes jours ſont menacés par la voix des oracles,
Si d'un ſeul étranger, relégué parmi nous,
Le ſang échappe à leur couroux.

De noirs preſſentimens, mon ame intimidée
De ſiniſtres terreurs eſt ſans ceſſe obſédée.
Le jour bleſſe mes yeux & ſemble s'obſcurcir,
J'éprouve l'effroi des coupables ;
Je crois voir ſous mes pas la terre s'entr'ouvrir,
Et l'enfer, prêt à m'engloûtir
Dans ſes abîmes effroyables.
Je ne ſais quelle voix crie au fond de mon cœur :
Tremble, ton ſupplice s'apprête.
La nuit de ces tourmens redouble encor l'horreur,
Et les foudres d'un Dieu vengeur
Semblent ſuſpendus ſur ma tête.

SCÈNE III.

LES ACTEURS DE LA SCÈNE PRÉCÉDENTE, LE PEUPLE *entrant en foule.*

LE PEUPLE.

LEs Dieux appaiſent leur couroux,
Ils nous aménent des victimes :

A ces juſtes vengeurs des crimes,
Que leur ſang ſoit offert pour nous.

IPHIGÉNIE, à part.

Malheureuſe !

THOAS.

Grands Dieux ! recevés nos offrandes.
Moins je les eſpérois, plus vos faveurs ſont grandes.

UN SCITHE.

Deux jeunes Grecs, échoués ſur ces bords,
Ont long-tems contre nous tenté de ſe défendre ;
Ils viennent enfin de ſe rendre
Après de pénibles efforts.
L'un d'eux étoit rempli d'un déſeſpoir farouche ;
Les mots de crime, de remord,
Etoient ſans ceſſe dans ſa bouche :
Il déteſtoit la vie, il appelloit la mort.

IPHIGÉNIE, à part.

Dieux ! étouffés en moi le cri de la Nature.
Si mon devoir eſt ſaint, hélas ! qu'il eſt cruel !

THOAS, à IPHIGÉNIE.

Allés ; & les captifs vont vous ſuivre à l'Autel.
Pour moi qu'un trop ſiniſtre augure
Menace du couroux des Dieux,
Ma préſence pourroit nuire à vos ſaints myſteres.

(*IPHIGÉNIE & les PRÊTRESSES ſortent.*)

SCÈNE

SCÊNE IV.

THOAS, GARDES, LE PEUPLE.

THOAS, au PEUPLE.

ET vous à nos Dieux tutélaires
Adressés vos chants belliqueux,
Que vos justes transports pénétrent jusqu'aux Cieux.

(Ici le Peuple exprime sa joie barbare dans un divertissement très-court.)

LE *PEUPLE.*

Il nous falloit du sang pour expier nos crimes;
Les captifs sont aux fers, & les Autels sont prêts:
Les Dieux nous ont eux même amené les victimes.
Que la reconnoissance égale les bienfaits!
Sous le couteau sacré que leur sang rejaillisse,
Que leur aspect impur n'infecte plus ces lieux;
Offrons leur sang en sacrifice,
C'est un encens digne des Dieux.

SCÊNE V.

LES ACTEURS PRÉCÉDENTS, ORESTE ET PILADE *enchaînés.*

(*ORESTE a les yeux fixés à terre, & paroît accablé.*)

THOAS.

MAlheureux, quel dessein, à vous même contraire,
Vous amenoit dans mes Etats?

PILADE.

Notre projet est un mystere,
C'est le secret des Dieux, tu ne le sauras pas.

THOAS.

De ton audace hautaine,
La mort sera le prix: Gardes, qu'on les emméne.

(*Les Gardes emmenent ORESTE & PILADE.*)

ORESTE à PILADE.

O mon ami! c'est moi qui cause ton trépas

SCÊNE VI.

THOAS, GARDES, PEUPLE.

CHŒUR, général.

IL nous falloit du sang, &c.

FIN DU PREMIER ACTE.

ACTE SECOND.

Le Théâtre représente un Temple souterrein, éclairé par des Lampes, avec un Autel rustique.

SCENE PREMIERE.

ORESTE ET PILADE, *enchaînés.*

PILADE.

QUEL silence effrayant! quelle douleur funeste!
Quoi! tu ne me réponds que par de longs sanglots?
Que peut la mort sur l'ame des héros?
Ne suis-je plus Pilade, & n'es-tu plus Oreste?

ORESTE.

Dieux! à quelles horreurs m'aviés-vous réservé?
D'un aveugle destin déplorable victime,

Par tout errant & par tout réprouvé,
Mon ſort eſt accompli. J'étois né pour le crime.

PILADE.

Que dis-tu? d'où naît ce remord,
Quel nouveau crime enfin?

ORESTE.

Je t'ai donné la mort:
Ce n'étoit pas aſſés que ma main meurtriere
Eut plongé le poignard dans le cœur d'une mere,
Les Dieux me réſervoient pour un forfait nouveau,
Je n'avois qu'un ami, je deviens ſon bourreau.

Dieux! qui me pourſuivés, Dieux! auteurs de mes crimes,
De l'Enfer ſous mes pas entr'ouvrés les abîmes;
Ses ſupplices pour moi feront encor trop doux!
J'ai trahi l'amitié, j'ai trahi la Nature,
Des plus noirs attentats j'ai comblé la meſure:
Dieux! frappés le coupable, & juſtifiés-vous.

PILADE.

Quel langage accablant pour un ami qui t'aime!
Reviens à toi; mourons dignes de nous:
Ceſſe dans ta fureur extrême
D'outrager & les Dieux, & Pilade, & toi-même.
» Notre trépas du Ciel calmera le couroux.

ORESTE.

» Tu vois le fruit de ſes oracles.
» O Dieux ! qui vous joués du deſtin des mortels,
» Vous vouliés que, vengeur de vos ſaints tabernacles,
» Ma main, ſur ces mêmes autels,
» De Diane outragée oſât ravir l'image ;
» L'abyme dévorant ſe fermoit ſous mes pas...
» Tu veux me ſuivre, ami trop tendre, hélas !
» De Mers en Mers, de naufrage en naufrage ;
» Tu braves pour moi ſeul & les Dieux & le ſort.
» De ta tendre amitié quel eſt le prix ? la mort.

PILADE.

» La colere du Ciel eſt peut-être appaiſée ;
» Pourquoi douter de ſon ſecours ?
» Parmi tant de périls il a ſauvé nos jours.
» Peut-être le fidele Alcée,
» Échappé, tu le ſais, à Neptune en couroux,
» Raſſemble en ce moment ſa flotte diſperſée :
» Ne peut-il ſe frayer un chemin juſqu'à nous ?
Mais quand notre trépas ſeroit inévitable,
Quelle vaine terreur te fait pâlir pour moi,
Je ne ſuis pas ſi miſérable,
Puiſqu'enfin je meurs près de toi.

Unis dès la plus tendre enfance
Nous n'avions qu'un même déſir :

Ah ! mon cœur applaudit d'avance
Au coup qui va nous réunir :
Le ſort nous fait périr enſemble,
N'en accuſe point la rigueur :
La mort même eſt une faveur,
Puiſque le tombeau nous raſſemble.

SCÈNE II.

ORESTE, PILADE, UN MINISTRE *du Sanctuaire*, GARDES *du Temple.*

LE *MINISTRE.*

ETrangers malheureux, il faut vous ſéparer.
(*à* PILADE.)
Vous, ſuivés-moi.

PILADE.

Grands Dieux !

ORESTE.

Qu'ordonnes-tu, barbare ?
(*à* PILADE.)
Non, ne me quitte pas, ami fidèle & rare,
(*aux* GARDES.)
Cruels, faut-il vous implorer ?

Hâtés la mort qu'on nous prépare ;
Mais laissés-nous la recevoir tous deux.
Vos glaives, vos buchers sont cent fois moins affreux
Que le moment qui nous sépare.

LE MINISTRE.

J'obéis à nos loix, j'obéis à nos Dieux.
(*aux* GARDES.)
Qu'on le conduise.

ORESTE.

Arrête....

*PILADE s'arrachant avec peine des bras d'*ORESTE.

Hélas !

ORESTE.

Monstres sauvages....

(PILADE, *le* MINISTRE, *les* GARDES, *disparoissent.*)

SCÊNE III.

ORESTE, seul.

On te l'enléve, hélas ! Pilade est mort pour toi...
Dieux ! protecteurs de ces affreux rivages,

Dieux ! avides de ſang, tonnés, écraſés-moi...
Où ſuis-je ? à l'horreur qui m'obſéde
Quelle tranquilité ſuccéde ?
Le calme rentre dans mon cœur....
Mes maux ont donc laſſé la colere céleſte,
Je touche au terme du malheur.
Dieux juſtes ! Ciel vengeur !
Vous laiſſés reſpirer le parricide Oreſte.

(*Il tombe accablé de laſſitude & d'épuiſement.*)

SCÊNE IV.

Les EUMÉNIDES *ſortent du fond du Théâtre, & entourent* ORESTE. *Les unes exécutent au tour de lui un Ballet-Pantomime de terreur ; les autres lui parlent.* ORESTE *eſt ſans connoiſſance pendant toute cette Scêne.*

LES *EUMÉNIDES.*

VEngeons & la Nature & les Dieux en couroux ;
Inventons des tourmens... il a tué ſa mere.

ORESTE.

Ah !

LES *EUMÉNIDES.*

Point de grace, il a tué ſa mere.

ORESTE.

ORESTE.

Ah!... quels tourmens.

LES EUMÉNIDES.

Ils sont encor trop doux.
Il a tué sa mere.

ORESTE.

Un Spectre! *... ayés pitié...

LES EUMÉNIDES.

De la pitié! le monstre! il a tué sa mere.
Égalons, s'il se peut, sa rage meurtriere,
Ce crime affreux ne peut être expié.

ORESTE *sort de son évanouissement, avec un mouvement de fureur.*

Dieux cruels!

LES EUMÉNIDES *le poursuivant.*

Point de grace, il a tué sa mere.

---

* L'ombre de Clitemnestre paroît au milieu des Furies, & s'abîme aussi-tôt.

SCÊNE V.

Les Portes s'ouvrent, les PRÊTRESSES *paroissent, les Furies s'abîment sans en pouvoir être apperçues.*

ORESTE, IPHIGÉNIE, LES PRÊTRESSES.

ORESTE *appercevant* IPHIGÉNIE.

MA mere ! Ciel !

IPHIGÉNIE.

Je vois toute l'horreur
Que ma présence vous inspire ;
Mais au fond de mon cœur,
Etranger malheureux, si vos yeux pouvoient lire,
Autant que je vous plains, vous plaindriés mon sort.

ORESTE, *à part.*

Quels traits ! quel étonnant rapport !

IPHIGÉNIE.

(*aux* PRÊTRESSES.)
Qu'on détache ses fers. (*à* ORESTE) Quels bords vous ont vû naître,
Que veniés-vous chercher dans ces climats affreux ?

ORESTE.

Quel vain désir vous porte à me connoître ?

IPHIGÈNIE.

Parlés.

ORESTE.

Que lui répondre ? ô Dieux !

IPHIGÉNIE.

D'où vient que votre cœur soupire ?
Qu'êtes-vous ?

ORESTE.

Malheureux. C'est assés vous en dire.

IPHIGÉNIE.

De grace répondés : de quels lieux venés-vous ?
Quel sang vous donna l'être ?

ORESTE.

Vous le voulés, Micéne m'a vû naître.

IPHIGÉNIE.

Dieux ! qu'entends-je ? achevés, dites... informés-nous
Du sort d'Agamemnon, de celui de la Gréce.

ORESTE.

Agamemnon ?

IPHIGÉNIE.

D'où naît la douleur qui vous presse ?

ORESTE.

Agamemnon ?

IPHIGÉNIE.

Je vois couler vos pleurs.

ORESTE.

Sous un fer parricide eſt tombé....

IPHIGÉNIE.

Je me meurs.

ORESTE, à part.

Quelle eſt donc cette femme ?

IPHIGÉNIE.

Et quel monſtre exécrable
A ſur un Roi ſi grand oſé lever ſon bras ?

ORESTE.

Au nom des Dieux ne m'interrogés pas.

IPHIGÉNIE.

Au nom des Dieux parlés.

ORESTE.

Ce monſtre abominable,
C'eſt....

IPHIGÉNIE.

Achevés : vous me faites frémir.

ORESTE.

Son épouse.

IPHIGÉNIE.

Grands Dieux! Clitemnestre?

ORESTE.

Elle-même.

LES *PRÊTRESSES.*

Ciel!

IPHIGÉNIE.

Et des Dieux vengeurs la justice suprême
A vû ce crime atroce?

ORESTE, égaré.

Elle a sçu le punir
Son fils...

IPHIGÉNIE.

O Ciel!

ORESTE.

Il a vengé son pere.

IPH. & les P. De forfaits sur forfaits, quel assemblage affreux!
ORESTE. De mes forfaits quel souvenir affreux!

IPHIGÉNIE.

Et ce fils, qui du Ciel a servi la colere,
Ce fatal instrument des vengeances des Dieux!..

ORESTE.

A rencontré la mort qu'il a tant désirée.
Electre dans Micéne est seule démeurée.

IPHIGÉNIE, elle se retire sur un des côtés de la Scène.

C'en est fait ; tous les miens ont subi le trépas.
Tristes pressentimens, vous ne me trompiés pas !

(*à* ORESTE.)

Eloignés - vous : je suis assés instruite.

(*Deux* PRÊTRESSES *accompagnent* ORESTE.)

SCÈNE VI.

IPHIGÉNIE, LES PRÊTRESSES.

IPHIGÉNIE.

O Ciel ! de mes tourmens la cauſe & le témoin,
Jouiſſés du malheur où vous m'avés réduite ;
Il ne pouvoit aller plus loin.

LES *PRÊTRESSES.*

Patrie infortunée,
Où par des nœuds ſi doux
Notre ame eſt encore enchaînée,
Vous avés diſparu pour nous !

IPHIGÉNIE.

O malheureuſe Iphigénie !
Ta famille eſt annéantie !
(*aux* PRÊTRESSES.)
Vous n'avés plus de Rois, je n'ai plus de parens ;
Mêlés vos cris plaintifs à mes gémiſſemens.

LES *PRÊTRESSES.*

Nous n'avions d'eſpérance, hélas ! que dans Oreſte :
Nous avons tout perdu ; nul eſpoir ne nous reſte.

IPHIGÉNIE.

Honorés avec moi ce héros qui n'eſt plus ;
Du moins qu'aux mânes de mon frere

Les derniers devoirs ſoient rendus ;
Apportés-moi la Coupe funéraire,
Offrons à cette ombre ſi chere
Les froids honneurs qui lui ſont dus.

(*On apporte la Coupe, & l'on commence les cérémonies funébres.*)

IPHIGÉNIE.

O mon frere, daigne entendre
Les accens de ma douleur :
Que les regrets de ta ſœur,
Juſqu'à-toi puiſſent deſcendre !

LES *PRÊTRESSES.*

Contemplés ces triſtes apprêts,
Mânes ſacrés, ombre plaintive,
Que nos larmes, que nos regrets
Pénétrent l'infernale rive !

(*L'Air & le Chœur ſe chantent ſur un air Pantomime qui regle la marche des cérémonies.* IPHIGÉNIE *& les* PRÊTRESSES *reprennent le Chœur, & ſortent du Théâtre en continuant les chants funébres.*)

FIN DU SECOND ACTE.

ACTE

ACTE TROISIEME.

*Le Théâtre représente l'Appartement d'*IPHIGÉNIE *dans le Temple.*

SCÊNE PREMIERE.

IPHIGÉNIE, LES PRÊTRESSES.

IPHIGÉNIE.

JE cède à vos désirs : du sort qui nous opprime
Instruisons Electre ma sœur :
Aux horreurs du trépas j'arrache une victime,
Et je sers à la fois la Nature & mon cœur...
Hélas ! je ne puis m'en défendre ;
Pour l'un de ces infortunés,
Par nos barbares loix à la mort condamnés,
Je sens la pitié la plus tendre.
Mon cœur s'unit à lui par des rapports secrets...
Oreste seroit de son âge ;

Ce captif malheureux m'en rappelle l'image,
Et ſa noble fierté m'en retrace les traits.

D'une image, hélas! trop chérie,
J'aime encore à m'entretenir;
Mon ame ſe plaît à nourrir
L'eſpérance qui m'eſt ravie.
Inutiles & chers tranſports!
Chaſſons une vaine chimere:
Non, ce n'eſt plus qu'aux ſombres bords
Que je puis retrouver mon frere.

SCÈNE II.

IPHIGÉNIE, LES PRÊTRESSES, ORESTE ET PILADE.

UNE *PRÊTRESSE.*

VOici ces captifs malheureux.

IPHIGÉNIE.

Allés: laiſſés-moi ſeule un inſtant avec eux.

(*Les* PRÊTRESSES *ſortent.*)

SCÊNE III.

IPHIGÉNIE, PILADE, ORESTE.

IPHIGÉNIE, à part.

QU'à leur aſpect touchant je ſens mon ame émue.

ORESTE ſe précipitant dans les bras de PILADE.

O joie inattendue !
Je puis donc t'embraſſer pour la derniere fois.

PILADE.

Mon ſort eſt moins affreux puiſque je te revois.

IPHIGÉNIE.

Vous avés vû mes pleurs : je n'ai pû m'en défendre.
Hélas ! qui n'en verſeroit pas
Au récit que je viens d'entendre ?
Si ſur ces bords ſanglans le Ciel fixa nos pas,
Nous avons vû le jour dans de plus doux climats,
Et la Gréce eſt notre Patrie.

PILADE.

Quoi ! des mains d'une Grecque il faut perdre la vie!

IPHIGÉNIE.

Ah ! pour ſauver vos jours, je donnerois les miens ;
Mais Thoas veut du ſang : ſa piété barbare

Ajouteroit aux maux qu'on vous prépare,
Si de tous deux je brisois les liens.
Je pourrois du tyran tromper la barbarie...
De l'un de vous au moins que les jours conservés...

ORESTE ET PILADE.

Mon ami, tu vivras, tes jours seront sauvés.

IPHIGÉNIE.

De celui de vous deux qui me devra la vie,
Pourrois-je attendre un service ?

ORESTE ET PILADE.

Achevés ;
Je vous réponds de sa reconnoissance.

IPHIGÉNIE.

Dans Argos, comme vous, j'ai reçu la naissance :
Il m'y reste encor des amis.
Jurés-moi qu'un billet, fidélement remis...

ORESTE ET PILADE.

J'en atteste les Dieux : vos vœux seront remplis.

IPHIGÉNIE.

Il faut donc entre-vous choisir une victime.
Hélas ! dans le soin qui m'anime,
Que ne puis-je à tous deux rendre un service égal !
Il faut que l'un des deux expire...

(*à part.*)

Mon ame ſe déchire.

Mais puiſqu'il faut enfin faire un choix ſi fatal,

(*à* ORESTE.)

C'eſt vous qui partirés.

ORESTE.

Que je parte ! qu'il meurre !

O Ciel !

IPHIGÉNIE.

Répondés à mes vœux :

Soyés prêt à partir : je cours en preſſer l'heure.

SCÈNE IV.

ORESTE, PILADE.

PILADE.

O Moment trop heureux !

Ma mort à mon ami va donc ſauver la vie.

ORESTE.

Et je conſentirois qu'elle te fut ravie ?

M'aimes-tu ? parle.

PILADE.

O Dieux ! tu l'oſes demander ?

ORESTE.

M'aimes-tu ?

PILADE.

Quel difcours ! quelle fureur te preffe ?

ORESTE.

Renonce au choix de la Prêtreffe.

PILADE.

Ah ! ce choix m'eft trop cher pour le pouvoir céder.

ORESTE.

Et tu prétends encore que tu m'aimes,
Lorfqu'au mépris des Dieux facrifiant tes jours...

PILADE.

Ils veillent fur les tiens, ils protégent leur cours,
Je remplis leurs décrets fuprêmes.

ORESTE.

A ces Dieux conjurés prétends-tu donc t'unir,
Pour ajoûter aux tourmens que j'endure ?

PILADE.

Que me demandes-tu ?

ORESTE.

De me laiffer mourir.

PILADE.

Non : ne l'eſpere pas.

ORESTE.

Oreſte t'en conjure.

PILADE.

Cruel !

ENSEMBLE.

Dieux ! fléchiſſés ſon cœur,
Rendés-moi mon ami, qu'il m'accorde ſa grace,
Que tout mon ſang vous ſatisfaſſe,
Qu'il ſuffiſe à votre rigueur !

ORESTE.

Quoi ! je ne vaincrai pas ta conſtance funeſte !
Quoi ! ton ame toujours ſe refuſe à mes vœux !
Ne ſais-tu pas que pour Oreſte
La vie eſt un ſupplice affreux ?
Ne ſais-tu pas que ces mains parricides
Fument encor du ſang que j'ai verſé ?
Ne ſais-tu pas que l'enfer courroucé
Raſſemble autour de moi ſes noires Euménides,
Qu'elles m'obſédent en tous lieux....
Les voici ! de ſerpens leurs mains s'arment encore !
Ou fuir ?... Eh ! quoi ! Pilade & me fuit & m'abhorre !

Il me livre à leurs coups!... arrêtés... ah! grands Dieux!

(*Il tombe dans les bras de* Pilade.)

PILADE.

Eh quoi! méconnois-tu Pilade qui t'implore?

ORESTE, revenant à lui.

Eh bien, Pilade, est-ce à toi de mourir?

PILADE.

O Dieux! votre couroux ne peut-il se fléchir?

ORESTE, accablé & en sentiment.

La mort à mes tourmens est l'unique relâche.
Je l'obtenois: Pilade me l'arrache!

PILADE.

Ah! mon ami: j'implore ta pitié,
Oreste, hélas! peut-il me méconnoître?
Qu'il s'attendrisse aux pleurs de l'amitié!
Ton cœur au mien n'est pas fermé peut-être.
Cet ami qui te fut si cher,
Pilade est à tes pieds, il conjure, il te presse,
A tes fureurs laisse-moi t'arracher,
Souscris au choix, dicté par la Prêtresse.

ORESTE, relevant Pilade *avec un mouvement de fureur.*

Malgré-toi, je saurai t'enlever au trépas.

SCÈNE

SCÈNE V.

ORESTE, PILADE, IPHIGÉNIE, PRÊTRESSES.

IPHIGÉNIE.

(*à* PILADE.) (*aux* PRÊTRESSES.)

QUe je vous plains ! vous, conduisés ses pas.

ORESTE.

Non, Prêtresse, arrêtés, votre pitié s'égare.

IPHIGÉNIE.

Que dites-vous ?

ORESTE.

C'est à moi de mourir.

Mon ami pourra vous servir :

Qu'il soit le digne objet d'un service si rare.

PILADE.

N'écoutés point ses transports furieux.

IPHIGÉNIE, à ORESTE.

Vivés & me servés.

ORESTE.

Je ne le puis sans crime.

PILADE.

Cruel, quelle fureur t'anime?

IPHIGÉNIE.

Ah! je ſens que mon choix eſt dicté par les Dieux.

ORESTE, bas à PILADE.

C'en eſt fait: ici même, à l'inſtant, je déclare...

PILADE.

Arrête.

ORESTE, haut à IPHIGÉNIE.

Eh bien, ſachés...

PILADE, l'interrompant.

Arrête... juſtes Cieux!

IPHIGÉNIE, à PILADE.

Quelle ſoudaine horreur de votre ame s'empare!

ORESTE, à IPHIGÉNIE.

Prononcés, que ma mort...

IPHIGÉNIE.

Non, ne l'eſpérés pas:
Un pouvoir inconnu, puiſſant, irréſiſtible,
Sur l'autel des Dieux même, arrêteroit mon bras.

ORESTE.

Quoi ! toujours à mes vœux vous êtes infléxible ;
Mais c'est envain, j'en atteste les Dieux,
Si mon ami n'échappe au sort qu'on lui prépare,
Je vais, m'immolant à vos yeux,
Répandre tout ce sang dont le Ciel est avare.

IPHIGÉNIE.

O Dieux ! eh bien, cruel, remplissés vos désirs.

ORESTE, courant à PILADE.

Vis, mon ami, cours servir la Prêtresse,
D'une sœur qui m'est chere, adoucis la tristesse,
Porte lui mes derniers soupirs,
Adieu.

SCÊNE VI.

IPHIGÉNIE, PILADE.

IPHIGÉNIE.

Puisque le Ciel à vos jours s'intéresse,
Prêtés-moi les secours que vous m'avés promis :
Portés cet écrit dans la Gréce,
Qu'entre les mains d'Electre il soit par vous remis.

PILADE.

Qu'entends-je, & quel destin l'une à l'autre vous lie ?

IPHIGÉNIE.

J'ai respecté votre secret;
N'éxigés rien de plus.

PILADE.

Vous serés obéie,
Je remplirai vos vœux, si le Ciel le permet.

(*IPHIGÉNIE sort.*)

SCÊNE VII.

PILADE, seul.

DIvinité des grandes ames,
Amitié! viens armer mon bras;
Remplis mon cœur de tes célestes flâmes,
Je vais sauver Oreste, ou courir au trépas.

FIN DU TROISIEME ACTE.

ACTE QUATRIEME.

Le Théâtre représente l'intérieur du Temple de Diane. La Statue de la Déesse, élevee sur une estrade, est au milieu, devant est un Autel.

SCÊNE PREMIERE.

IPHIGÉNIE seule, & aux pieds de l'Autel.

JE t'implore & je tremble, ô Déesse implacable!
Dans le fond de mon cœur mets la férocité:
Etouffe de l'humanité
La voix plaintive & lamentable.
Hélas! & quelle est donc la rigueur de mon sort?
D'un sanglant ministere,
Victime involontaire,
J'obéis; & mon cœur est en proie au remord!
Je t'implore, *&c.*

Non : cet affreux devoir, je ne puis le remplir.
En faveur de ce Grec, un Dieu parloit sans doute :
Au sacrifice affreux que mon ame redoute,
Non je n'ai pas dû consentir.

SCENE II.

IPHIGÉNIE, LES PRÊTRESSES, ORESTE, *au milieu d'elles.*

LES PRÊTRESSES.

O Diane, sois nous propice !
La victime est parée, & l'on va l'immoler.
Puisse le sang qui va couler,
Puissent nos pleurs appaiser ta justice !

IPHIGÉNIE, à part.

La force m'abandonne ; ô momens douloureux !

ORESTE.

Voilà le terme heureux de mes longues souffrances :
Puisse-t-il l'être aussi, grands Dieux, de vos vengeances !

IPHIGÉNIE.

O Ciel !

ORESTE.

Séchés les pleurs qui coulent de vos yeux ;
Ne plaignés point mon ſort, la mort fait mon envie:
Frappés.

IPHIGÉNIE.

Ah ! cachés-moi cette horrible vertu.
Les Dieux protégeoient votre vie ;
Mais vous allés mourir, & vous l'avés voulu.

ORESTE.

Ces Dieux m'en avoient fait un devoir néceſſaire.
En voulant prolonger mon ſort,
Vous commettiés un crime involontaire.

IPHIGÉNIE.

Un crime ? ah ! c'en eſt un de vous donner la mort.

ORESTE.

Que ces regrets touchans pour mon cœur ont de charmes !
Qu'ils adouciſſent mes tourmens !
Depuis l'inſtant fatal... hélas ! depuis long-tems
Perſonne à mes malheurs n'avoit donné de larmes.

IPHIGÉNIE.

Hélas !

(Les PRÉTRESSES *environnent* ORESTE *en chantant le Chœur ſuivant; elles le conduiſent dans le Sanctuaire, où elles l'ornent de Bandelettes & de Guirlandes.)*

HYMNE.

Toutes les PRÊTRESSES.

Chaſte fille de Latône,
Prête l'oreille à nos chants :
Que nos vœux, que notre encens
S'élévent juſqu'à ton thrône..

Une voix ſeule.

Tout eſt ſoumis à ta loi,
Dans les Cieux & ſur la terre;
L'enfer fléchit devant toi,
Tout ce que l'Erébe enſerre,
A ton nom pâlit d'effroi.

En tout tems on te conſulte,
Dans la paix, dans les combats;
Et ton culte eſt le ſeul culte
Révéré dans ces climats.

TOUTES.

Chaſte fille, *&c.*

(Pendant ce Chœur, lorſque ORESTE *eſt paré de Guirlandes, on le conduit derriere l'Autel. On brûle des parfums, & on fait des libations.)*

IPHIGÉNIE.

IPHIGÉNIE.

Quel moment ! Dieux ! ſecourés-moi.

Quatre PRÊTRESSES *principales, à* IPHIGÉNIE.

Venés, ſouveraine Prêtreſſe,
Rempliſſés votre auguſte emploi.

IPHIGÉNIE, *ſe trainant à peine à l'Autel.*

Barbares, arrêtés, reſpectés ma foibleſſe.
(Elle frémit en fixant ORESTE. *Une* PRÊTRESSE *lui preſente le Couteau ſacré.)*
Dieux ! tout mon ſang ſe glace dans mon cœur.

LES *PRÊTRESSES.*

Frappés.

IPHIGÉNIE.

Je tremble, & mon bras plus timide. . .

ORESTE.

Iphigénie, ô ma ſœur !
Ainſi tu fus jadis immolée en Aulide.

IPHIGÉNIE.

Mon frere !. . . je me meurs. . .

LES *PRÊTRESSES.*

Oreſte ! notre Roi !

ORESTE.

Iphigénie ! ô Ciel ! eſt-ce elle que je voi ?

LES *PRÊTRESSES.*

Oui, c'est Iphigénie.

ORESTE.

Ah ! mon cœur me l'atteste.

IPHIGÉNIE.

O mon frere, ô mon cher Oreste !

ORESTE.

Quoi, vous pouvés m'aimer, vous n'avés point horreur...

IPHIGÉNIE.

Ah ! laissons-là ce souvenir funeste,
Laisse-moi ressentir l'excès de mon bonheur :
Sans te connoître encor, je t'avois dans mon cœur,
Au Ciel, à l'Univers je demandois mon frere...
Le voilà ! je le tiens ! il est entre mes bras !...
Mais que vois-je ?

SCÈNE III.

LES ACTEURS PRÉCÉDENS.

UNE PRÊTRESSE.

LA *PRÊTRESSE*, *arrivant avec précipitation.*

TRemblés, on sait tout le mystere:
Le tyran porte ici ses pas ;
Il sait qu'un des captifs, destinés au supplice,
Sauvé par vous, fuyoit loin de ces lieux :
Indigné, furieux,
De l'autre il vient presser le sacrifice.

LES *PRÊTRESSES.*

Crands Dieux ! secourés-nous.

IPHIGÉNIE.

Il ne se fera pas,
Ce sacrifice abominable, impie...
(*Aux Prêtresses.*)
Vous, sauvés votre Roi des fureurs de Thoas;
Il est du sang des Dieux, ils défendront sa vie.

SCÈNE IV.

LES ACTEURS PRÉCÉDENS.

THOAS, GARDES, SUITE.

THOAS, à IPHIGÉNIE.

. . . .

De tes complots la trame eſt découverte :
Tu trahiſſois le Ciel, & conjurois ma perte.
Il eſt tems que les Dieux ſoient enfin ſatisfaits,
Il eſt tems de punir ta lâche perfidie.
Immole ce captif ; que tout ſon ſang expie
Et ton audace & tes forfaits.

IPHIGÉNIE.

Qu'oſes-tu commander, barbare ?

THOAS.	*LES PRÊTRESSES.*
Obéiſſés aux Dieux :	Sauvés-nous juſtes Cieux, Éloignés les horreurs que ce moment prépare.

(*aux Gardes.*)
Le Ciel parle, il ſuffit ; Gardes, ſecondés-moi.
Qu'on le ſaiſiſſe.

IPHIGÉNIE.

O Ciel ! qu'oſes-tu faire ?

THOAS, aux Gardes.

Qu'on le traîne à l'Autel.

IPHIGÉNIE, se précipitant au-devant des Gardes.

Cruel ! il est mon frere.

THOAS.

Son frere !

ORESTE.

Oui, je le suis.

IPHIGÉNIE.

C'est mon frere & mon Roi,
Le fils d'Agamemnon.

THOAS.

Frappés, quelqu'il puisse être.

IPHIGÉNIE, avec feu.

(*aux Gardes.*) (*aux Prêtresses.*)
N'approchés pas. Et vous, défendés votre maître.

(*Les* PRÊTRESSES *forment un demi cercle, & placent* ORESTE *entre elles & le Sanctuaire.*)

THOAS, aux Gardes qui balancent.

Lâches, vous reculés d'effroi...
J'immolerai moi-même, aux yeux de la Déesse,
Et la victime & la Prêtresse.

(*On entend un grand bruit derriere le Théâtre.*)

ORESTE.

L'immoler ! qui ? ma sœur !

THOAS.

Oui, je dois la punir,

(*Le bruit augmente derriere le Théâtre ; on enfonce les Portes du Temple :* PILADE *paroît à la tête de ses* GRECS.)

Et tout son sang....

SCENE V.

PILADE, TROUPE DE GRECS,

ACTEURS PRECÉDENS.

PILADE, s'élançant avec rapidité sur THOAS.

C'Est à toi de mourir.
Puisse ton sang impur expirer tous tes crimes.
Vos Autels sont vengés, Dieux! prenés vos victimes.

Les Gardes de THOAS.

Vengeons le sang de notre Roi,
Frappons.

IPHIGÉNIE.

Grands Dieux! sauvés mon frere.

(*Les* GRECS *chargent les* SCITHES.)

PILADE aux GRECS.

Courage, amis, secondés-moi.

ORESTE.

Pilade! ô mon Dieu tutélaire!

*PILADE dans les bras d'*ORESTE.

O mon unique ami!

(*Le Combat dure quelques instants.*)

CHŒUR de GRECS triomphans.

De ce peuple odieux,
Exterminons jusques au moindre reste;
Servons la vengeance céleste,
Et purifions ces lieux,
Au nom de Pilade & d'Oreste.

CHŒUR de Scithes fuyants.

Fuyons de ce lieu funeste,
Sauvons-nous,
Évitons leurs coups,
LesDieux combattent pour Oreste.

SCÈNE VI.

LES ACTEURS PRECÉDENS.

DIANE *descendant dans un nuage au milieu des Combattants.*

Les SCITHES *& les* GRECS *tombent à genoux à la voix de la Déesse,* IPHIGENIE *& les* PRÊTRESSES *levent les mains vers elle.*

DIANE.

ARrêtés, écoutés mes décrets éternels....
Scithes, aux mains des Grecs remettés mes images:
Vous

Vous avés trop long-tems, dans ces climats sauvages,
Deshonnoré mon culte, & souillé mes Autels.

A ORESTE.

Malheureux fils d'un plus malheureux pere,
Les Dieux sont enfin satisfaits :
Tu n'entendras plus désormais
Les cris plaintifs des mânes de ta mere ;
Tes pleurs ont lavé tes forfaits,
Je prends soin de ta destinée :
Micène attend son Roi, vas y régner en paix,
Et rends Iphigénie à la Gréce étonnée.

(DIANE *remonte au Ciel.*)

SCÊNE DERNIERE.

IPHIGÉNIE, ORESTE, PILADE, PRÊTRESSES, SCITHES, GRECS, *&c.*

PILADE.

TA sœur ! qu'ais-je entendu ?

ORESTE.

Partage mon bonheur.
Dans cet objet touchant à qui je dois la vie,

Et qu'un penchant ſi doux rendoit cher à mon cœur,
Connois ma ſœur Iphigénie.

CHŒUR général.

Les Dieux, long-tems en couroux,
Ont accompli leurs oracles;
Ne redoutons plus d'obſtacles,
Un jour plus pur luit pour nous.
Une paix douce & profonde
Regne ſur le ſein de l'onde :
La Mer, la Terre, & les Cieux,
Tout favoriſe nos vœux.

FIN.

APPROBATION.

J'AI lu, par ordre de Monſeigneur le Garde des Sceaux, l'Opéra *d'Iphigénie en Tauride*, & j'ai crû qu'on pouvoit en permettre la Repréſentation & l'impreſſion.

A Paris ce 20 Avril 1779.

BRET.

www.ingramcontent.com/pod-product-compliance
Lightning Source LLC
LaVergne TN
LVHW050215180726
843501LV00012BA/1757

* 9 7 8 2 3 2 9 6 6 8 3 4 5 *